Spécial Survivre
2023

EN CAS DE CRISE ÉCONOMIQUE
OU
DE CATASTROPHE NATURELLE

Louise Courteau, éditrice inc.
7431, rue Saint-Denis
Montréal, Québec, Canada
H2R 2E5

Typographie : Tapal'oeil inc.
Photo, page couverture : Kathy Paradis

Dépôt légal: deuxième trimestre 1991
Bibliothèque nationale du Québec
Bibliothèque nationale du Canada
Bibliothèque nationale de Paris
Library of Congress, Washington D.C.

ISBN: 2-89239-134-2

CHRISTINE ROCHON PERSECHINO

Spécial Survivre 2023

EN CAS DE CRISE ÉCONOMIQUE
OU
DE CATASTROPHE NATURELLE

Louise Courteau
É D I T R I C E

TABLE DES MATIÈRES

Je remercie mon époux Joseph
ainsi que Andrée et Paolo,
pour leur encouragement et leur
précieuse collaboration.

Je dédie ce livre
à mes deux fils Éric et Stéphane.
Il s'adresse aussi
à tous mes frères et sœurs humains.

Avertissement

L'auteure et l'éditrice recommandent d'user de prudence et de bon sens dans l'application des suggestions présentées dans ce livre.

AVANT-PROPOS

C'est rassurant de savoir que l'on peut survivre dans un système économiquement difficile ou un désastre naturel. Comme personne ne souhaite côtoyer la misère et la dépression, il est possible, avec de la patience, de la débrouillardise, le sens de l'organisation et beaucoup d'amour, de franchir tous les obstacles. Dieu ne nous soumet qu'aux épreuves qu'il nous sait capables de supporter.

En situation de survie, l'idéal serait de trouver une autre famille avec laquelle on puisse partager les corvées et les coûts, que ce soit alimentaires ou vestimentaires. Un travail partagé est toujours préférable, surtout si on considère que plusieurs femmes doivent, de nos jours, travailler à l'extérieur du foyer.

Je vous offre donc un outil de travail domestique efficace qui vous permettra de réduire vos dépenses hebdomadaires. Si on mange mieux et si on se soigne mieux, on vivra mieux. Vous trouverez dans ces pages une partie de l'héritage de nos ancêtres, de leur savoir. Les factures d'électricité vous découragent? Faites vous-mêmes vos propres chandelles et retrouvez les soirées magiques d'autrefois. Je vous propose une analyse de vos besoins, pour éliminer ou changer tout ce qui pourrait vous étouffer financièrement. Il faut apprendre à réduire les dépenses au strict minimum et ne garder que celles qui sont vitales. Vous êtes victimes d'un tremblement de terre, d'une inondation, d'une violente tempête, d'une panne de courant, ou vous êtes perdus en forêt? Vous trouverez dans ces pages des conseils précieux pour vous en sortir. Bref, le mot de passe est SURVIVRE.

INTRODUCTION

Certains parlent de crise économique, d'autres d'un gouvernement mondial ; d'autres encore de dette de crédit effarante ou de carte de débit servant à contrôler les achats et les dépenses de Monsieur et Madame Tout-le-Monde.

Peut-on vraiment discerner le vrai du faux ? À bien y penser, rien n'est impossible... Ce qui permet à un système économique d'être florissant, c'est l'argent ! Or, plus il devient difficile de se le procurer, plus nous devons produire, et plus nous produisons, plus nous devenons vulnérables, donc contrôlables. La preuve ? Que ferions-nous s'il y avait pénurie de papier hygiénique, ou de savon ?

Nous sommes si dépendants des autres, que si nous étions privés de la chose la plus banale cela deviendrait catastrophique. De même, nous dépendons d'un gouvernement qui décide à notre place. Et lorsque rien ne va plus, c'est toujours la faute d'autrui. Ne devrions-nous pas nous interroger pour savoir dans quelle mesure nous sommes responsables de ce qui nous arrive ?

Prenons, comme exemple l'industrie en général. Nous acceptons volontiers de dépendre d'elle pour nous alimenter et nous vêtir. Et nous le sommes à un point tel, que nous avons perdu une partie de notre héritage : le savoir de nos ancêtres. Bien sûr, direz-vous, nous ne sommes plus au Moyen Âge et on ne peut tout faire soi-même. Alors, il ne reste plus qu'à payer la facture, peu importe le prix et cesser de s'apitoyer sur notre sort.

Je suis mère de deux enfants, d'éducation moyenne et je demeure en banlieue de Montréal. Lorsque j'ai voulu mener de front une carrière, l'éducation de deux enfants, avoir une vie privée et sociale équilibrée, tout a éclaté. Les temps sont difficiles pour tout le monde. Pourtant, si je veux garantir un certain bien-être et une éducation à mes enfants, je dois prendre des initiatives. Car, enfin, un « dépôt à terme » n'est pas à la portée de tout le monde. Il n'y a d'ailleurs qu'à regarder les factures. L'épicerie se retrouve souvent réduite au minimum, l'électricité coûte aussi cher que le compte de taxe, en plus de la voiture, des assurances... OUF ! On ne peut plus respirer !

Or, plus on s'efforce de joindre les deux bouts, plus on se rend malade, dépressif et plus on s'éloigne de la paix du cœur et de la spiritualité.

Si, comme moi, vous en avez assez et que vous êtes prêts (es) à reprendre un peu du pouvoir perdu, voici quelques suggestions :

1. D'abord, **faites une prise de conscience**. C'est la première étape. Reconnaître que l'on n'est pas « Wonder-woman » ou « Superman » et admettre que l'on ne peut plus se permettre le luxe habituel.

2. **Changez vos priorités** et rétablissez vos valeurs. Est-il vraiment nécessaire d'avoir deux téléviseurs couleur ?

3. **Réduisez vos dépenses**. Réfléchissez aux façons d'y parvenir. Ne gardez que ce qui est essentiel, si vous voulez vous éviter des maux de tête lancinants.

4. **Cherchez de l'aide** à l'extérieur si vous éprouvez des difficultés financières. Comptables à leur pension, associations à but non lucratif se feront un plaisir de vous aider et leurs services sont à prix minimes, sinon gratuits. Et dites-vous bien que vous n'êtes pas les seuls à vous sentir coincés dans cet engrenage matérialiste. Rappelez-vous qu'il vaut mieux piétiner votre fierté, que de renoncer à votre liberté.

5. Enfin, sans plus tarder, **passez à l'action**. Mettez immédiatement en pratique toutes les décisions et les connaissances acquises. Ne remettez surtout pas au lendemain, car vous n'en viendrez jamais à bout.

Je vous propose donc de faire un saut avec moi, à la fois dans le passé et l'avenir.

Ce livre se veut une prise de conscience et un outil de travail qui vous feront redécouvrir l'héritage de nos ancêtres et allégeront le fardeau que le système économique actuel nous impose.

Il contient, également, un manuel de survie applicable en cas de catastrophe naturelle. Et cette éventualité est peut-être plus près de nous qu'on pourrait le croire ! Sans être alarmistes, soyons réalistes. Sauriez-vous quoi faire si une inondation ou un tremblement de terre se produisait ?

SURVIVRE

S   Sonder les possibilités et analyser la situation
U   User de son bon jugement et ne rien précipiter
R   Retrouver son point de départ
V   Vaincre la peur, la panique et l'ignorance
I   Improviser en se servant de son imagination
V   Valoriser les vraies valeurs de la vie et se battre pour elles
R   Réagir comme l'auraient fait les premiers colons
E   Étudier les techniques de base dès maintenant

S'UNIR POUR SURVIVRE

Les immigrants ont beaucoup à nous apprendre sur l'art de survivre. En regroupant plusieurs familles ou cercles d'amis, il devient plus facile de répartir les tâches et combler les lacunes. Mais encore faut-il que les personnes impliquées unissent leurs efforts afin d'éviter les querelles et les situations ambiguës. Tous n'étant pas toujours sur la même longueur d'onde, des argumentations, voire des litiges, peuvent s'ensuivre. Il sera donc plus facile pour certaines personnes de survivre seules plutôt qu'en groupe. Néanmoins, suivez votre intuition !

Une des façons d'y parvenir est de nommer une personne responsable du groupe. Cette personne devra organiser les activités, en fonction de la survie du groupe et créer une atmosphère de dépendance mutuelle. Chaque tâche, aussi simple soit-elle, a son importance. La personne responsable prendra des décisions en **collaboration** avec le groupe. Ainsi, tous auront la possibilité de profiter de l'expérience de leurs voisins. Le pire ennemi d'un groupe est la dissension. Il faut donc l'éviter à tout prix.

I

ÉCONOMIES DOMESTIQUES

FINANCES

Combien d'entre nous dépensons plus d'argent que nous en possédons dans notre compte en banque ? Bien sûr, pour ne pas dépenser plus que nous ne possédons, nous devons d'abord connaître la valeur de nos avoirs. Mince tâche, direz-vous ? Non, pas vraiment. Avez-vous, dernièrement, fait le bilan de vos dettes ?

Sachez bien que lors de la Crise financière (1929-39), les institutions bancaires n'ont pas toutes fait faillite, ni le gouvernement. Ils sont allés chercher les biens des plus démunis jusqu'à ce que toute dette soit annulée. Combien de familles entières se sont retrouvées dans la rue ! Pas même une chaise pour s'asseoir, ni quoi que ce soit à se mettre sous la dent !

Même si les temps ont changé, rien n'a pour autant changé. N'attendez surtout pas qu'un huissier frappe à votre porte, pour constater que le système économique s'est humanisé ! En temps de crise, les institutions financières sont les premières à frapper dur.

Détruisez toutes vos cartes de crédit pour n'en garder qu'une seule, que vous utiliserez en cas d'urgence. Vous allégerez votre fardeau, n'encouragerez plus les compagnies de finance. Cessez de faire des achats inutiles. Ne vous contentez que du minimum. Du moins, jusqu'à ce que la majeure partie de vos dettes soit remboursées.

Prenez l'habitude, par exemple, de tenir un «compte de dépenses ménagères» (budget). En dressant au fur et à mesure sur une liste chacune des opérations, le montant de celles-ci vous démontrera bien que la prudence est de rigueur. Faites-le faire aussi par chacun de vos enfants. Ils seront davantage conscients de la valeur de l'argent et vous en demanderont moins souvent.

Soyez conscients de votre vulnérabilité. Voyez à quel point il devient facile pour les dirigeants du système économique de vous contrôler, sachant exactement quelles sont vos habitudes d'achats et en créant ainsi des besoins dont vous pourriez facilement vous passer.

Une autre façon de faire des économies substantielles consiste à vous regrouper en association de plusieurs personnes, de vous enregistrer (pour quelques dollars) sous le nom d'une compagnie et de former ainsi un **groupe d'achat**. Cela vous permettra, par exemple, de payer votre épicerie au prix du fournisseur. Pour vous éviter certains problèmes, votre compagnie devra en être une à but non lucratif, c'est-à-dire qu'elle n'aura ni employé ni profit. Les tâches seront réparties équitablement entre les membres du groupe. Cela va de soi que ce genre d'association n'est pas encouragée par les organismes pour des raisons bien évidentes. Mais avec de l'honnêteté et de la perspicacité, vous y arriverez.

LOGEMENT

Il est préférable de ne pas s'égorger en payant un loyer exorbitant. Choisir mieux pour l'argent dont nous disposons ne veut pas nécessairement dire luxe. Rappelez-vous qu'il est préférable de vivre dans une mansarde, que de ne pas avoir d'adresse du tout. Le taux sans cesse croissant de familles entières sans-abris est alarmant. Et ça n'arrive pas seulement aux voisins. À moins d'user de prudence, vous pourriez facilement vous retrouver dans cette situation pénible.

Plusieurs familles quittent la campagne dans l'espoir de se trouver du travail dans les grandes villes. Hélas, leur chance de survie est de combien plus grande dans les campagnes ! Car la situation en ville n'y est que pire. Sans travail, pas d'abris. Les économies sont vite écoulées et il ne reste plus alors qu'à se loger dans les centres d'accueil, en attendant des jours meilleurs. Alors ne prenez aucune décision sans avoir préalablement fait d'exhaustives recherches. Votre avenir en dépend !

CHAUFFAGE

En cas de panne de courant, ayez recours à une source de chaleur auxilliaire. Advenant une panne d'électricité de plusieurs semaines, il est rassurant de se savoir autonome.

Personnellement, je préfère le poêle à combustion lente. Il permet ainsi d'économiser en utilisant soit du bois récupéré sur les chantiers, auprès de maisons en démolition, des entreprises de menuiserie, de scieries ou des ateliers de charpenterie.

Si vous achetez une corde de bois, les morceaux les plus lourds ont plus de valeur, car il s'en dégage plus de chaleur. Je vous les nomme donc par ordre de priorité :

1. Caryer blanc
2. Hêtre américain
3. Chêne blanc
4. Chêne rouge
5. Érable à sucre
6. Bouleau jaune
7. Frêne blanc
8. Orme
9. Cerisier
10. Sapin de Douglas
11. Sycomore
12. Tamarin de l'Inde
13. Pruche
14. Tilleul d'Amérique
15. Épinette
16. Pin blanc
17. Tremble
18. Liard (peuplier noir)

VÊTEMENTS

Nul besoin de collectionner toutes les cartes de crédit pour suivre la mode. Il suffit d'un peu d'imagination. D'ailleurs, par les temps qui courent, la simplicité et l'élégance témoignent d'un bien meilleur goût.

Pour rafraîchir ou repriser de vieux vêtements, une boîte à couture vous sera nécessaire. Assurez-vous d'avoir toujours sous la main fil blanc, noir ou de couleur, aiguilles, ciseaux, fermetures-éclairs et boutons. Si vous devez vous départir de vos vieux vêtements, assurez-vous d'enlever fermetures-éclairs et boutons ou bande élastique. Ne jetez rien car, un jour ou l'autre, ces articles pourraient vous être utiles. Le pantalon trop court de votre adolescent pourra servir à confectionner une belle jupe pour votre fillette.

N'achetez que des vêtements qui se marient bien et avec lesquels il sera possible de créer différents agencements. Pour éviter des achats inutiles, dressez une liste de vêtements chauds et une autre de vêtements plus légers pour chacun des membres de votre famille. N'achetez jamais sur l'impulsion du moment, car vous pourriez le regretter aussi rapidement.

Pourquoi ne pas visiter votre vieille tante ou votre grand-mère pour lui demander comment tricoter tuques, foulards, mitaines, chaussettes et bas ? Vous serez surpris-es des économies que vous ferez. De plus, si le cas se présentait, vous pourriez vous servir de ces articles pour faire du troc en les échangeant pour de la nourriture fraîche.

LITERIE

Ayez une réserve considérable de :
— draps blancs et taies d'oreiller
— couvertures chaudes
— oreillers
— serviettes et débarbouillettes
— linges à vaisselle
— tissus de coton blanc qui pourraient servir de pansements.

Il est possible de vous procurer de la literie à prix modique, en l'achetant directement du manufacturier. Ces marchandises n'ont souvent que de petits défauts de fabrication qui paraissent à peine.

Ainsi, advenant une catastrophe naturelle, il vous sera possible d'héberger des gens en difficulté ou tout simplement de pourvoir aux besoins de vos proches. Une taie d'oreiller teinte servira de tissu pour une jolie robe pour votre petite fille, en y ajoutant dentelles et rubans. Un drap peut servir à confectionner une robe ou deux chemises d'adulte, de même qu'il peut être utilisé pour des bandages, des nappes ou des couvre-lits. Un drap découpé en bandes étroites pourra par ailleurs servir de serviettes sanitaires ou de bandages.

LOISIRS

Sans la télévision, le Nintendo ou la radio, les gens se sentent bien démunis. Pourtant, avec un peu d'imagination, il y a une foule d'activités que nous pouvons faire pour nous divertir et développer notre créativité.

Pourquoi ne pas en profiter pour transmettre notre savoir et parfaire la culture de nos enfants ? En vous procurant un instrument de musique quelconque, tels un harmonica, une guitare ou un piano, vous redécouvrirez vos airs préférés tout en vous divertissant en famille à la lueur d'une chandelle comme on le faisait autrefois.

Vous pourriez également développer vos talents d'écrivain ou de dessinateur ou apprendre une foule de choses en parcourant une encyclopédie ou en organisant une équipe sportive avec des amis. Bref, gardez-vous un temps de loisirs et retrouvez le vrai sens de la communication et du partage. Faites confiance aux enfants : leur imagination déborde d'idées !

ÉDUCATION

Assurez-vous d'avoir sous la main des manuels scolaires de différents niveaux. Advenant une catastrophe naturelle quelconque, ou une situation d'urgence, les écoles seraient fermées et ne dispenseraient donc plus l'éducation de nos enfants.

LES CHANDELLES

Pour confectionner vos propres chandelles, vous aurez besoin des produits suivants :

— mèche
— paraffine
— stéarine
— thermomètre de cuisine (204° C.)
— colorants pour bougies (facultatif)
— huile soluble sans alcool pour parfumer (facultatif)
— moules (facultatif)

LA MÈCHE

Vous pouvez fabriquer une mèche en vous servant d'une corde de coton. Faites-la tremper pendant douze heures dans une solution composée de 1 c. à soupe de sel et 2 c. à soupe d'acide borique dilué dans une tasse d'eau. Ensuite, faites sécher le cordon, puis coupez-le en trois parties égales pour le tresser. Pour procéder plus rapidement, laissez la mèche tremper seulement trois heures. Étendez-la ensuite bien droite et à plat. Elle raidira en séchant.

Vous pouvez aussi vous procurer simplement des mèches dans des magasins d'artisanat ou auprès de certains droguistes.

Attention : une mèche trop mince se « noiera » dans la cire fondue. Si celle-ci est trop épaisse, elle « fumera ».

LA PARAFFINE

Elle se vend dans des magasins spécialisés. Un pain de 1 à 5 kg donne l'équivalent en cire liquide de 1 litre. Pour obtenir des bougies plus fermes, ajoutez de la stéarine (acide acétate) en proportion de 1 pour 10 (100g de stéarine pour 1 kg de paraffine). Ajoutez ce mélange à la paraffine fondue et faites chauffer la cire à 82° C dans un bain-marie. Évitez de trop chauffer la cire, car elle s'enflammera. Au dernier moment, vous pouvez ajouter une petite quantité d'huile soluble parfumée, sans alcool.

LE SUIF

Autrefois, on se servait de suif et de cire d'abeille, remplacées aujourd'hui par de la paraffine. Il est préférable d'utiliser de la graisse de bœuf ou de mouton pour fabriquer vos chandelles, car une bougie de suif dégage en brûlant une fumée noire très désagréable. Il est possible de remplacer le suif par de la cire végétale ou de l'acide stéarique.

LE TREMPAGE

1. Fixez les mèches sur un petit bâton ou un crayon.

2. Chauffez la cire à 82° C.

3. Trempez les mèches dans la cire chaude. Retirez 30 secondes et trempez de nouveau. Répétez l'opération plusieurs fois. Cela permettra aux différentes couches de cire de durcir.

4. Plongez-les ensuite dans l'eau froide, retirez, séchez avec du papier absorbant et étendez-les 30 secondes sur du papier huilé. Roulez-les avec la paume de la main, pour qu'elles restent bien droites.

5. Suspendez les bougies et laissez-les durcir.

LE MOULAGE

Pour fabriquer un moule de sable, vous pouvez vous servir de différents contenants qui sont à votre disposition. Servez-vous d'un seau ou une boîte, ou un carton de lait, des bouteilles en plastique, des balles en caoutchouc, des ballons et des boîtes métalliques.

LE SABLE

— Déposez le sable nivelé mais non tassé dans un sceau ou une boîte.

— Enfoncez un objet pour déterminer la forme désirée de la bougie.

— Versez-y la cire fondue.

— Lorsqu'elle aura durci légèrement, enfoncez une aiguille à tricoter au centre pour y faire passer la mèche.

— Trempez d'abord la mèche dans la cire fondue, laissez-la refroidir et insérez-la dans la bougie.

— En refroidissant, la cire laissera un vide autour de la mèche.

— Remplissez celui-ci de cire chaude.

MOULES DIVERS

Méthode 1

Faites un trou au fond du moule et insérez-y la mèche. Une fois la mèche sortie, faites un nœud et fixez-le avec du mastic ou de la pâte à modeler. Attachez l'autre extrémité à un crayon, placé sur le dessus du moule. Versez la cire chaude.

Méthode 2

Dans un moule, versez la cire chaude et laissez-la durcir. Démoulez. À l'aide d'une aiguille à tricoter, percez un trou dans la bougie. Faites un nœud à l'une des extrémités de la mèche et faites glisser la mèche dans le trou jusqu'à l'autre extrémité.

NOTE : si vous prenez la précaution de ranger vos chandelles au congélateur, elles ne couleront pas. Le même résultat peut être obtenu si vous les trempez dans de l'eau salée (2 c. à soupe de sel par chandelle et juste assez d'eau pour les recouvrir).

Voilà une activité dont les enfants raffolent !

SAVONS DOMESTIQUES (recette n° 1)

Fabriquer son savon est facile et agréable.

INGRÉDIENTS :

6 pintes (6 litres) d'eau bouillante
4 livres (1,7 kilo.) de graisse
2 livres (908 gr.) d'arcanson (résine obtenue par la distillation de la térébenthine)
1 livre (454 gr.) de gros sel
1 livre (454 gr.) de caustique

Mélangez délicatement la caustique et l'eau. Lorsqu'elle est dissoute, ajoutez la résine et brassez soigneusement avec une palette de bois. Lorsque la résine sera fondue, incorporez la graisse et laissez bouillir environ 40 minutes.

Ajoutez peu à peu le sel, afin de séparer la matière savonneuse du liquide caustique. Sur feu très doux, faites bouillir de nouveau 15 minutes. Versez dans un grand récipient plat et laissez refroidir 24 heures. Vous pourrez ensuite couper votre bloc de savon en carrés que vous déposerez dans un endroit chaud pour le faire sécher. Si la surface est lisse et nette, vous avez réussi la recette avec succès.

SAVONS DOMESTIQUES (recette n°2)

INGRÉDIENTS :

Pour ne faire qu'une seule barre de savon domestique :

1/2 tasse d'eau douce, froide
1 tasse de suif de bœuf fondu
2 c. à soupe bien pleines de cristaux de soude

Versez la soude dans l'eau. Chauffez cette préparation et incorporez le suif qui devra être à la température du corps. Mélangez dans un saladier en verre à l'aide d'une mixette jusqu'à une consistance crémeuse. Versez dans des moules et laissez sécher.

NOTE : toujours travailler le savon domestique avec une cuillère de bois. Une fois le mélange déposé dans des moules, recouvrez-les de polyéthylène (emballage de cellophane). Démoulez les savons 24 heures plus tard, laissez-les sécher complètement à l'air libre, ce qui prendra de deux à trois semaines.

EAU POTABLE

Avec le taux élevé de pollution que nous connaissons, viendra le temps où un purificateur d'eau s'avérera indispensable. Bien que nous n'en soyons pas encore là, il serait bon de s'en procurer un maintenant. On en trouve plusieurs modèles sur le marché et pour tous les budgets.

Il serait bien de garder à sa disposition quelques gallons vides, prêts à être embouteillés. De cette façon, vous pourrez faire face à toute éventualité.

De même, il serait préférable de vivre près d'une source d'eau naturelle. En cas d'inondation ou de tremblement de terre, si les égouts des villes cessaient de fonctionner, l'eau potable se raréfierait.

S'il vous est impossible d'habiter près d'une source d'eau naturelle, vérifiez qui, près de chez vous, possède un puits artésien et accepterait de vous approvisionner en eau.

Vous trouverez dans la section « catastrophes naturelles » différentes méthodes pour extraire l'eau de la terre.

CUISINE AU BOIS

ACCESSOIRES :

Voici quelques ustensiles qu'on trouvait autrefois autour du foyer ou du poêle à bois :

— marmite à trois pieds en bronze et une en fonte
— bassine à confiture en cuivre
— gril
— spatule de métal
— grande louche
— bouilloire
— poêlon à pain
— pelle à braise
— braisière
— porte-toast
— crochet à chaudron (pour le retirer du feu et soulever le couvercle)
— trépied (on peut le fabriquer soi-même avec trois consoles d'étagères et des écrous ou boulons).

TECHNIQUES DE CUISSON :

Pour les ragoûts, soupes et bouillis, empilez un peu de braise sous le trépied et placez votre casserole sur celui-ci.

Les pommes de terre, les châtaignes et même les poissons peuvent se cuire sous la cendre, à condition de les envelopper dans du papier d'aluminium.

Une braisière est un gros chaudron dans lequel on insère un plat allant au four. Ce plat peut contenir votre préparation de tarte, de gâteau ou de pain. Vous pouvez soit suspendre la braisière au-dessus des braises ou la déposer directement sur celles-ci.

Pendant la cuisson (à l'étuvée), ayez soin d'ajouter, sur le couvercle, des morceaux de braise à l'aide d'une pelle.

ALIMENTATION

Introduction

Les quelques pages qui suivent démontrent qu'en préparant soi-même sa nourriture, non seulement nous devenons conscients de l'abondance des produits que la terre nous donne, mais aussi que les aliments sont remplis d'énergie vitale fournie par le soleil en harmonie avec l'univers.

Vous deviendrez aussi plus sensibles de l'importance de bien choisir vos aliments, d'éviter les produits qui contiennent des agents de conservation nocifs pour la santé et qui sont, pour la plupart, des produits manufacturés. Pour n'en nommer que quelques-uns : les pesticides, les agents de conservation, les radiations, etc.

En préparant un repas pour sa famille, mettons-y de l'amour, en apportant attention et respect aux aliments, car à leur tour, ils nous apportent l'énergie vitale nécessaire à une bonne santé.

Bref, l'alimentation n'est pas qu'une histoire de bouffe mais une histoire d'amour. Alors, n'hésitez pas à communiquer votre savoir à ceux qui le désirent.

CULTIVER SON POTAGER

Il est toujours possible de cultiver un petit coin de terre, que ce soit dans votre cour ou dans des boîtes à fleurs installées sur le balcon. Vous aurez ainsi des légumes frais tout l'été. Il en va de même pour les fines herbes. Partez les semis dans la maison, de préférence en février, en utilisant des récipients imperméables tels que boîtes à œufs en plastique, carton de lait coupé en deux, pot de yogourt, bidon de plastique découpé, etc.

Établissez d'abord l'endroit où vous pourrez cultiver vos légumes. Si vous demeurez en appartement, le voisin acceptera peut-être de vous prêter une petite surface. Sinon, il existe de nombreuses fermes qui acceptent de prêter ou louer un lopin de terre. Pour de plus amples informations, vous pouvez communiquer avec le ministère de l'Agriculture.

Établissez ensuite une liste des produits que vous désirez cultiver, en tenant compte des besoins de votre famille. Assurez-vous que ces aliments seront faciles à entreposer ou conserver pour les saisons froides. Conservez les semences des légumes frais en prévision de la saison suivante.

PROTÉINES (VIANDE/LÉGUMINEUSES)

Il existe de nombreuses publications concernant la valeur des protéines et il est facile de se documenter. Plusieurs magasins d'alimentation naturelle se feront également un plaisir de vous fournir des informations. Compte tenu de la nouvelle pensée écologique et du taux de pollution élevé, l'alimentation à base de viande et le « junk food » n'auront plus leur place et ils seront de plus en plus coûteux. Une poignée de légumineuses agréablement présentées remplacera volontiers le morceau de viande auquel vous êtes habitués.

À titre d'information, voici la composition d'une protéine complète :

CÉRÉALES

Avoine
blé
maïs
millet
orge mondé
riz
sarrazin
seigle

LÉGUMINEUSES

arachides
fèves
haricots secs
lentilles
pois secs
fèves soya

Céréale + légumineuse = protéine complète
Légumineuse + noix ou graines = protéine complète
Céréale + produits laitiers = protéine complète

CONSERVATION

Les produits suivants se conservent très bien dans une pièce froide et humide :

betteraves	choux	panais
céleris	navets	poires
carottes	oignons	pommes
pommes de terre	potirons	rutabagas

À défaut d'une chambre froide, il est facile de construire une simple butte édifiée dans le jardin ou une cave-cellier.

SUR UNE FENÊTRE OU DANS UN ESCALIER

Les rebords extérieurs des fenêtres du sous-sol ou de l'escalier extérieur de la maison conduisant au sous-sol, conviendront comme chambre froide. Ayez soin, cependant, de fermer l'escalier et d'installer une porte au bas de celui-ci. Au pied de l'escalier, il serait préférable de déposer des récipients d'eau pour maintenir une humidité constante.

EN SILOS DANS LE JARDIN

Pour conserver les légumes-racines en silos dans le jardin, étendez une couche de feuilles ou de paille sur le sol. Puis déposez, en tas, la récolte à conserver.

Recouvrez le tout de feuilles ou de paille, puis de 10 cm de terre. Pour favoriser une bonne aération, laissez, sur le dessus, un trou. Creusez, de chaque côté du silo, des petits fossés pour que le drainage se fasse bien et placez sur le trou une petite planche de bois ou de métal pour le protéger. Enfin, déposez une pierre sur la planche pour la maintenir en place.

EN TONNEAU

Un tonneau de bois est idéal pour conserver les pommes. Insérez-le à-demi dans le sol, à la verticale, et remplissez-le de pommes fraîches. Ensuite, recouvrez-le d'un sac de jute rempli de feuilles mortes et creusez un fossé de drainage de 15 cm autour. Vous assurerez sa protection en ayant soin de le recouvrir d'une bonne couche de terre.

EN BOCAUX

Une autre méthode ancestrale de conservation est la mise en bocaux de confiture ou de gelée et le séchage des fruits et légumes. La mise en bocaux est préférable car la stérilisation élimine tout risque de contamination.

SÉCHAGE SUR PLATEAUX

L'été est bien sûr la saison idéale pour faire sécher fruits et légumes, le soleil étant lumineux et l'air sec. Faites sécher sur des plateaux les produits suivants :

abricots	haricots	carottes
pêches	céleris	poires
cerises	pois	pommes
prunes		

Ces fruits et légumes sont délicieux et très nourrissants servis avec des noix et diverses graines. Pour fabriquer un plateau, montez un treillis non métallique sur un châssis de bois et renforcez le centre avec un cordage. Une fois que vous avez déposé les aliments sur le plateau pour les faire sécher, recouvrez-les d'une toile très fine, soit un coton à fromage, par exemple, ou une mousseline. Assurez-vous que les morceaux ne se touchent pas.

MARINADES

Faites mariner cornichons, betteraves, champignons, pickles, piments forts, échalotes et petits oignons. Ils pourraient, un jour ou l'autre, vous servir pour faire du troc.

BEURRE (recette n°1)

Pour fabriquer du beurre à l'aide d'une baratte manuelle :

Amenez la crème à une température de 15° C. Pour vous faciliter les choses, placez le pot de crème dans un récipient d'eau chaude ou d'eau froide.

Remplissez la jarre de la baratte au tiers et battre vigoureusement environ 30 minutes. Si le beurre ne prend pas la consistance désirée, vérifiez la température.

Mettez de côté cette préparation dans une passoire recouverte d'un linge mince et rincez le beurre abondamment à l'eau froide. Il ne doit rester aucune trace de petit-lait (babeurre). L'eau devra couler complètement claire.

Maniez le beurre avec un battoir (spatule de bois) pour en retirer toute l'humidité et répartissez bien le sel (au goût). Versez le beurre dans un moule ou dans du papier paraffiné (papier ciré) et gardez-le au frais.

NOTE : conservez le babeurre pour préparer vos pâtisseries ou consommez-le nature, ou encore mélangez-le à du lait aromatisé.

BEURRE (recette n°2)

Amenez la crème légèrement au-dessus de la température de la pièce.

Battre lentement au malaxeur manuel ou électrique. **Prenez soin de ne pas fouetter.**

Lorsque la crème se sépare du lait, égouttez-la et plongez-la dans l'eau froide pour qu'elle fige.

Égouttez de nouveau et rincez abondamment.

À l'aide d'un pilon, écrasez le beurre afin d'en extraire l'eau.

Grattez celui-ci à l'aide d'un couteau. Si le beurre a une consistance légèrement granuleuse, c'est qu'il contient encore trop d'eau.

Ajoutez le sel et moulez.

CONSERVATION DU BEURRE

Pour conserver le beurre, enveloppez chaque pain de beurre dans un linge. Puis déposez tous les linges dans un grand sac de jute ou de coton. Attachez-le fermement. Déposez le sac dans un baril d'eau fortement salée. Le beurre se conservera ainsi des années, s'il reste constamment en contact avec le linge. Quand on enlève le linge, le beurre est recouvert de sel. Celui-ci s'enlève facilement, en grattant légèrement sa surface avec un couteau.

PÂTES ALIMENTAIRES

INGRÉDIENTS

300 g. (3/4 livre) de farine
3 œufs
1 c. à café de sel fin
1 c. à soupe d'eau
1 c. à soupe d'huile

Tamisez la farine et déposez-la sur la table. Faites une fontaine au centre pour y déposer les œufs légèrement battus, l'eau, le sel et l'huile. Incorporez peu à peu à la farine les autres ingrédients et maniez du bout des doigts jusqu'à l'obtention d'une pâte très lisse qui ne colle pas. Travaillez la pâte de 10 à 12 minutes jusqu'à l'obtention d'une texture élastique. Enfarinez la table de temps à autre pour éviter que la pâte ne colle. Ensuite, recouvrez la pâte d'un linge et laissez reposer deux heures.

Découpez la pâte de façon à obtenir les nouilles désirées et laissez-les sécher de un à deux jours à l'air libre. Il est important de laisser sécher les pâtes à température modérée et constante.

PRESSE À FROMAGE

Voici la façon dont s'y prenaient les anciens pour fabriquer une presse à fromage. Les recettes étant nombreuses, je laisse à votre discrétion la recherche de la recette parfaite.

Utilisez une grosse boîte à café vide. Percez des trous de l'intérieur vers l'extérieur ainsi qu'à la base et sur les côtés. Le petit-lait (babeurre) s'écoulera par ces orifices. Insérez le fromage au fond du contenant. Sur le dessus du fromage, déposez un morceau de bois rond (rondin) que vous aurez scié à environ 2 cm d'épaisseur. Puis, placez une plus petite boîte à café sur le cercle de bois. Servez-vous, en guise de poids, de deux briques que vous aurez stérilisées au four et enveloppées dans du papier d'aluminium. La pesanteur de ces dernières fera sortir davantage le petit-lait.

Pour éviter que le fromage ne moisisse, enveloppez-le dans un linge que vous aurez au préalable imbibé de vinaigre et bien essoré (aussi sec que possible). Tenir dans un endroit sec.

YOGOURT

Nous avons l'habitude de fabriquer du yogourt en achetant du ferment lactique dans les magasins d'aliments naturels. Vous pouvez, cependant, remplacer ce ferment en utilisant 4 c. à thé du yogourt que vous avez déjà. Mélangez le tout énergiquement à 1 litre de lait et laissez reposer trois ou quatre heures à une température d'environ 42°C. Vous pouvez recommencer plusieurs fois cette opération en utilisant chaque fois une petite portion de l'ancien produit pour en obtenir du nouveau. Le dessus d'un poêle à bois fera l'affaire pour maintenir une température chaude et constante. Dès que le dos d'une cuillère laisse sa marque sur la surface du yogourt, cela indique qu'il est prêt à être versé dans des petits pots. Déposez ensuite au réfrigérateur.

SOINS CORPORELS

DENTIFRICE 1

Faites fondre 24 gr. de sel marin dans 125 gr. d'eau de vie. Ajoutez 125 gr. d'eau de menthe. Fermez hermétiquement le flacon. Voilà un très bon désinfectant.

DENTIFRICE 2

Lavez vos dents une fois par semaine avec un mélange composé de miel et de charbon de bois. Cette préparation fera merveille pour blanchir vos dents et leur donner une apparence éclatante.

DENTIFRICE 3

Mélangez 3/4 de bicarbonate à 1/4 de sel. Ajoutez 3 c. à café de glycérine pour 1/4 de tasse du mélange et diluez dans un peu d'eau. Quelques gouttes d'essence de menthe poivrée donneront à votre pâte une saveur piquante. Pour éliminer les taches brunes, frottez vos dents avec du zeste de citron et rincez.

DENTIFRICE 4

Mélangez 1 once de graines de fenouil en poudre à 1 once de charbon de peuplier broyé ainsi que 1 once de quinquina gris broyé.

DENTIFRICE 5

Coupez une aubergine en deux parties et saupoudrez-la de gros sel. Déposez les morceaux au four et faites-les carboniser. Réduisez-les en poudre. Avec cette poudre, faites une pâte en la mélangeant à de l'eau. Cette pâte est excellente pour blanchir les dents.

RINCE-BOUCHE Nº 1

Faites macérer dans 2 tasses d'alcool à 40%, 2 c. à soupe de menthe séchée, 1 petit morceau de cannelle et 1 clou de girofle, pendant quelques jours puis filtrer. Employez à raison de 1/2 c. à thé ou plus dans 1/2 verre d'eau.

RINCE-BOUCHE N° 2

1 c. à soupe de sel dans un verre d'eau est un excellent rince-bouche, car le sel, en plus de désinfecter, rafraîchit l'haleine.

DÉSODORISANT

Mélangez de l'huile de lavande à de l'eau de lavande et enduisez doucement les aisselles de cette odorante préparation.

BROSSE À DENTS

Reportez-vous à la section « Catastrophes naturelles » (premiers soins).

SAVONS ADOUCISSANTS

Dans un peu d'eau, faites fondre, sur un feu doux, une barre de savon. Ajoutez peu à peu, tout en malaxant, un tiers d'amidon en poudre. Lorsque ce mélange est parfaitement homogène, pétrissez cette pâte avec une quantité d'amidon égale à la première et quelques gouttes d'essence parfumée. Divisez la pâte, placez dans des moules et laissez sécher le temps nécessaire. **Vous obtiendrez deux barres de savon avec une seule.**

SAVONNETTES

Utilisez 20 cl d'eau de rose ou de lavande, le jus de 1 citron et 1/2 savon de Marseille en fines lamelles taillées à l'aide d'une râpe à fromage. Malaxez soigneusement la pâte obtenue en mélangeant les ingrédients à la main. Lorsque la pâte est homogène, aplatissez-la sur le bord de l'évier à environ 2 cm de hauteur. Découpez-la ensuite selon la forme que vous désirez lui donner (boules, cubes, cœurs, ou avec des moules à biscuits). Laissez sécher vos savonnettes avant de les emballer. Celles-ci peuvent légèrement brunir en séchant.

SHAMPOOINGS ET SOINS CAPILLAIRES

Shampooings à l'œuf entier : fouettez deux œufs jusqu'à ce qu'ils soient bien moussants ; appliquez sur les cheveux en massant le cuir chevelu et laissez agir quelques minutes avant de rincer à l'eau tiède. Selon que vous êtes brune ou blonde, ajoutez à l'eau de rinçage un peu de vinaigre ou de citron. Ce shampooing est particulièrement recommandé pour les cheveux secs.

Shampooing à l'œuf et au rhum : mélangez à trois œufs battus les 3/4 d'une tasse de rhum et les 3/4 d'une tasse d'eau de rose. Appliquez comme précédemment ; on peut remplacer dans l'eau de rinçage le vinaigre par de la bière. C'est un très bon shampooing pour les cheveux gras.

La mayonnaise, un excellent revitalisant. Pour revitaliser et tonifier vos cheveux après le shampooing, utilisez encore la mayonnaise. Rincez après 1/2 heure de pause avec une infusion légère de romarin ou de l'eau vinaigrée.

Des reflets dorés dans les cheveux : si vous voulez donner à vos cheveux blonds ou châtain clair une nuance dorée, faites une teinture de rhubarbe. Pour ce faire, il vous faut trois cuillerées de racines pour deux tasses d'eau que vous mettrez sur le feu environ 15 minutes ; laissez infuser pendant la nuit, filtrez et faites un essai sur quelques mèches pour vérifier le degré de décoloration ; si l'effet vous paraît satisfaisant, procédez au rinçage total.

Des infusions de sauge pour dissimuler les cheveux blancs : pour cacher les cheveux blancs, ajoutez à votre shampooing une infusion de sauge ou appliquez-la en compresses après le rinçage. Si vous souhaitez une coloration forte et durable, appliquez chaque soir, en insistant bien sur les racines, un mélange de sauge et de tafia de laurier additionné de glycérine.

Le romarin, une plante aux multiples propriétés : le romarin est recommandé pour les cheveux qui ont tendance à devenir gras facilement ou qui sont difficiles à coiffer ; une infusion ajoutée à l'eau de rinçage les rendra dociles et brillants. À employer également si vous avez beaucoup de pellicules.

Donner des reflets à ses cheveux avec le henné naturel : le henné naturel est une teinture végétale assez forte qui donne aux cheveux châtains et bruns de chauds reflets cuivrés ; les cheveux blonds ou gris, par contre, prennent une coloration rouge quelque peu agressive ; c'est pourquoi il est conseillé de faire un essai avant toute utilisation intempestive. Le henné neutre ne colore pas les cheveux mais il les fortifie de la même façon. Après votre shampooing, appliquez sur le cuir chevelu un peu d'huile de carthame pour compenser l'action desséchante du henné. Mettez des gants en caoutchouc et mélangez la poudre de henné pur à une infusion de sauge pour obtenir une fine pâte à laquelle on peut ajouter quelques gouttes de vinaigre de cidre. Faites chauffer au bain-marie environ dix minutes et étalez sur les cheveux quand la pâte est encore très chaude. Enduisez les mèches sur toute leur longueur à l'aide d'un peigne. Si vous désirez un reflet plus discret, séparez et ne passez au henné qu'une mèche sur deux ; enveloppez-vous la tête d'une serviette chaude et humide recouverte d'un bonnet en plastique pour conserver l'humidité. Gardez 15 à 30 minutes, selon l'intensité des reflets que vous souhaitez ; rincez à l'eau très chaude jusqu'à ce qu'il n'y ait plus de trace du produit et séchez les cheveux normalement. Vous pouvez aussi combiner 1/4 de henné à 3/4 d'infusion de camomille pour dorer très légèrement les cheveux.

RECETTES MÉDICINALES

ÉPIDÉMIE 1

En France, au Moyen Âge, quatre voleurs allaient piller les pestiférés et n'attrapaient jamais la peste. Ceux-ci s'enduisaient les mains et le visage d'un mystérieux élixir aromatisé dont le roi leur arracha la recette en échange de leur liberté. Il s'agissait d'un élixir (liqueur de plantes) composé d'absinthe, de lavande, de menthe, de romarin et de rue. Cet élixir les protégeait contre cette terrible contamination et les maintenait en bonne santé. On appela cette recette « Le vinaigre des quatre voleurs ».

ÉPIDÉMIE 2

Autrefois, les gens utilisaient le romarin en fumigation pour se prémunir contre les grandes épidémies de peste.

BRÛLURE 1

Faites dissoudre quelques cachets d'aspirine dans un bol d'eau froide et faites tremper la partie brûlée.

BRÛLURE 2

Diluez, dans un peu d'alcool, quelques gouttes d'huiles essentielles de lavande, de sauge, de thym et de romarin. Diluez cet alcool dans un petit verre d'eau tiède. Imbibez une gaze ou un tissu du mélange et placez en compresse sur la brûlure. La même formule peut servir pour soulager les douleurs musculaires ou rhumatismales. À défaut d'huiles essentielles, buvez une décoction (infusion mijotée) des herbes indiquées.

SIROP CONTRE LA TOUX

1 c. à soupe de poivre noir
1/2 tasse de mélasse

Mélangez bien et prenez 1 c. à thé, 3 fois par jour.

FORMULE ANTI-GRIPPE

Infusion à boire : dans 1 litre d'eau bouillante, faites infuser, de 8 à 12 minutes, 5 gr. de chacune des herbes suivantes : hysope, lavande, marrube, menthe poivrée, romarin, sauge et thym (les aiguilles de pin et les feuilles d'eucalyptus sont aussi recommandées). Comptez 35 gr. d'herbes en tout. Buvez 3 tasses par jour au moins.

PIQÛRES D'INSECTES : guêpes, maringouins et mouches noires

Appliquez simplement 25 gr. d'essence de basilic sur la peau ou 25 gr. d'essence de mélisse à 200 gr. de vaseline.

ANXIÉTÉ — INSOMNIE — MIGRAINES

Boire en infusion de trois à quatre fois par jour, 1 c. à thé de marjolaine par tasse d'eau. Ce breuvage est aussi un très bon expectorant et un excellent stomachique (facilite la digestion gastrique).

TRUCS MÉNAGERS

— Conservez tous les os, la peau, les abats de viande pour préparer votre soupe.

— Mélangez le steak haché avec un peu d'huile, un œuf et beaucoup de chapelure pour doubler la quantité de volume de votre viande.

— Chapelure : faites sécher un gros pain croûté et passez-le au malaxeur ou, dans un sac de plastique, écrasez-le avec un rouleau à pâte.

— Gardez les boîtes à café pour faire congeler de la soupe.

— Gardez tous les restants de la semaine et faites-en de la fricassée, un pot-au-feu ou un pain de viande.

— Un petit secret qu'on utilisait pendant la Crise économique (1929-39) : on élevait des poules en ville et, la nuit, on mettait le coq dans une boîte de carton pour l'empêcher de chanter, ce qui évitait de donner l'alarme aux voisins.

— Les Indiennes utilisaient de la mousse sauvage (du lichen) pour remplacer les serviettes sanitaires.

— Conservez dans un bocal les miettes de boîtes de céréales, craquelins ou de pain.

— Si vos vieilles pommes de terre sont noircies, ajoutez une cuillerée à café de vinaigre dans l'eau de cuisson. Elles seront plus appétissantes.

— Ne jetez pas vos bas de nylon. Servez-vous-en pour :

— couvrir le bout de l'aspirateur et ainsi nettoyer les fonds de tiroir

— tamiser au lieu d'utiliser un coton à fromage

— Pour augmenter le volume du beurre, mettez-le dans votre robot culinaire et ajoutez la même quantité de lait chaud. On peut remplacer le lait chaud par de l'huile de lécithine.

— Ébouillantez des croûtes de pain brûlé, coulez ce bouillon à l'aide d'un tamis et servez-le comme un café avec lait et sucre. Ce substitut remplaçait le café lors de la Crise économique de 1929.

— Rien ne se perd dans une orange. Mélangez l'écorce à de l'eau de violette et vous obtiendrez un parfum subtil et rafraîchissant. Desséchée au four, l'écorce d'orange devient un excellent allume-feu. Si vous macérez le zeste à de l'eau-de-vie, vous obtiendrez une liqueur agréable.

— Pour nettoyer le cabinet de toilette et l'évier, faites dissoudre dans un gallon d'eau 4 onces de chlorure de chaux.

— Pour nettoyer les tapis et carpettes : s'ils ont été lavés fréquemment et ont perdu de leur éclat, ne les jetez pas. Faites simplement chauffer une huile douce (ex. huile d'amande douce). Faites tremper dans cette huile un morceau de flanelle et frottez vigoureusement la surface du tapis. Il reprendra toute sa souplesse.

— Pour enlever des taches de sang, plongez le vêtement dans de l'eau salée, puis lavez-le dans de l'eau chaude savonneuse. Pour terminer, faites bouillir le vêtement quelques minutes.

— Pour conserver la blancheur de votre linge, gardez dans votre armoire à linge quelques morceaux de gomme de camphre.

— Les taches de rouille sur le linge et les mains s'enlèvent avec du jus de tomate.

— Le jus de citron et le sel sont efficaces pour enlever les taches de sueur. Une fois la partie imbibée, exposez la tache au soleil.

— Si un drap est usé, taillez-le en deux morceaux, puis cousez ensemble les bords extérieurs.

— Appliquez du vernis à ongles incolore sur les bouts de rubans afin d'éviter qu'ils ne s'effilochent.

— Si un vieil imperméable est usé, coupez-le en morceaux. Ils serviront à fabriquer un tablier ou un bonnet de douche.

— Pour confectionner un couvre-lit, servez-vous d'un drap teint que vous garnirez de dentelles et de rubans.

— Des napperons de dentelles se prêtent bien pour confectionner de jolies collerettes et des poignets de chemise.

— Utilisez des chaussettes de laine trouées pour fabriquer des mitaines pour les enfants.

— Si vous perdez un gant en suède ou en cuir, servez-vous de l'autre pour fabriquer des boutons.

— D'anciennes grandes nappes serviront de bons draps pour les lits d'enfants.

— Le vinaigre ajouté à l'eau de votre lessive est excellent pour raviver les couleurs.

— Ajoutez quelques pincées de sel à l'eau de lessive pour conserver l'éclat des tissus de couleurs.

— Le jus de citron ajouté à l'eau de rinçage gardera la blancheur de vos tissus.

II

CATASTROPHES NATURELLES

SEUL OU EN GROUPE

Il est souvent plus facile de survivre en groupe que de se débrouiller seul. Ainsi, lorsque plusieurs personnes décident de se regrouper, elles devront choisir une personne dans le groupe qui possède des qualités de leader exceptionnelles et une connaissance approfondie des techniques de survie.

Celui qui sera choisi devra mettre à profit les qualités et les connaissances de la communauté et établir un programme bien défini. Il devra posséder la capacité de communiquer son optimisme aux autres membres de l'équipe, être suffisamment impartial pour trancher les litiges et user de diplomatie pour faire accepter et respecter les décisions, même si elles ne sont pas toujours partagées par la majorité.

DIFFICULTÉS PHYSIQUES ET MORALES

LA SOIF

Avoir soif est une des sensations les plus désagréables qui soient. Si nous sommes privés d'eau, le désir constant de vouloir apaiser sa soif occupe l'esprit à un point tel qu'il nous est pénible d'accomplir toute autre activité.

La déshydratation constitue un véritable danger, puisque notre corps est constitué de plus de 80% d'eau. Aussi faut-il considérer le rationnement en eau comme la dernière solution à envisager. Pour conserver le plus d'eau possible dans votre organisme, réduisez les risques de transpiration en supprimant les efforts physiques inutiles et en portant des vêtements appropriés. En cas extrême, on peut toujours boire son urine.

LA FAIM

Pour assurer le bon fonctionnement de notre organisme, il est essentiel de bien le nourrir. Se priver de manger entraîne des conséquences de toutes sortes comme, par exemple, l'anxiété, la douleur et le froid. Il peut même s'ensuivre des actes irrationnels qui sont des symptômes d'un affaiblissement de l'esprit causé par l'inanition.

LA DOULEUR

La douleur est un signal d'alarme que nous transmet notre organisme nous avertissant d'un débalancement. Si notre vie est menacée, il arrive souvent que nous ne ressentions aucune douleur car notre instinct de survie l'emporte sur celle-ci.

LE FROID

Considéré comme un des pires ennemis de l'homme, le froid doit être combattu par tous les moyens possibles. En plus d'affaiblir les facultés vitales, il peut occasionner de graves maladies. Il ralentit les mouvements et incite au sommeil. Les engelures sont très douloureuses et peuvent même entraîner l'amputation des membres affectés.

LA FATIGUE

La fatigue nuit considérablement aux chances de survie. Le manque de sommeil, les efforts physiques inhabituels fournis lors de moments de panique et le choc occasionné par l'isolement contribuent souvent à épuiser complètement l'organisme. Il s'ensuit souvent un état dépressif qui met en danger les chances de survie.

LA SOLITUDE ET L'ENNUI

Pour plusieurs personnes, la solitude et l'ennui sont des obstacles insurmontables. Souvent, l'incertitude, la frustration d'un signal de détresse non perçu, l'impression de faire des efforts inutiles ou d'attendre longuement d'être secourus portent au découragement. Nous devons donc sans cesse être sur le qui-vive et le plus actifs possible, tout en ménageant nos forces. La recherche d'eau, de combustible et de nourriture devraient tenir l'esprit suffisamment occupé pour nous éviter le cafard.

LA PANIQUE ET LA PEUR

Nous avons tous ressentis, un jour ou l'autre, ces émotions désagréables, intenses, que sont la panique et la peur. La peur est liée à l'inconnu. Nous avons peur aussi de la douleur, de l'inquiétude et peur de l'abandon, c'est-à-dire du lâcher prise. Dans des circonstances de survie, la peur n'est pas seulement normale, mais elle est aussi salutaire, car elle aiguise notre intuition et nous prépare à réagir. Mais pour éviter que la peur ne nous conduise à la panique, elle doit être apprivoisée pour mieux la canaliser. La panique est une peur-terreur et elle est la pire ennemie de l'homme, car elle accapare toute notre énergie et nous enlève la capacité de penser; par conséquent, agir devient impossible. La panique non maîtrisée conduit au désespoir et annihile toute volonté de survivre.

LES ABRIS

Si vous êtes victime d'un désastre naturel, il se pourrait bien que vous soyez dans l'obligation de vous construire un abri. Choisissez un endroit élevé et dégagé, de préférence près d'un cours d'eau.

Voici la description des différents types d'abris auxquels vous pouvez recourir.

ABRI PARACHUTE

Cet abri, le plus simple qui soit, consiste à jeter une pièce de tissu sur une corde tendue entre deux arbres.

ABRI DE CHAUME

Formez une charpente en A, en commençant par la base. Recouvrez-la d'une épaisse couche de feuilles, de chaume, d'herbages ou d'écorces. Cet abri vous protègera contre la pluie.

TENTE-ABRI À L'AMÉRINDIENNE

Rassemblez quelques perches assez longues, en forme de tente-abri, et recouvrez-les d'un tissu. Cet abri a l'avantage de vous permettre de cuisiner, de manger, de dormir, de vous reposer. Il vous protégera des insectes et de l'humidité. Si vous devez envoyer des signaux de détresse ou autre, cet abri vous permet de le faire de l'intérieur.

TRONC D'ARBRE

Appuyez de longues perches en diagonale contre un arbre robuste qui a été abattu. Bâtissez une toiture en feuillage. Il est à noter que ce type d'abri ne dure pas très longtemps.

CAVERNES ET GROTTES

Ces types d'abris ne sont pas recommandés ; aussi, évitez-les le plus possible car, en cas de danger, vous pourriez difficilement en sortir. Si vous allumez un feu, vous risquez de vous empoisonner par le monoxyde de carbone qui s'en dégage. Enfin, les grottes risquent de s'effondrer ou de se fermer sous un éboulis.

LE LIT

Évitez de dormir sur le sol nu. Vous devez, dans la mesure du possible, vous isoler du froid et de l'humidité. Faites d'abord un feu pour assécher et réchauffer le sol. Disposez une couche de feuillage ou de fougères puis étendez-y votre couverture. Si vous vous servez de branches pour vous faire un lit, débarrassez celles-ci des insectes ou des parasites qui pourraient s'y trouver.

L'EAU

Mentionnons d'abord qu'un homme ne peut vivre plus de quelques jours sans eau, sans que la température de son corps soit modifiée. Ne buvez jamais de l'eau non potable, stagnante et dont vous n'êtes pas assuré de sa qualité. Votre survie en serait grandement menacée. Vous pourriez attraper soit la dysenterie, le choléra ou la typhoïde. On peut se procurer de l'eau soit en faisant fondre de la glace ou de la neige, en récupérant l'humidité du sol par évaporation, en buvant la sève des plantes ou en suçant les os d'animaux. Les pistes d'animaux conduisent généralement à une source d'eau et les nuées d'insectes au ras du sol sont une indication de la présence d'humidité. Quelle que soit son origine, l'eau doit toujours être filtrée ou purifiée.

Faites bouillir l'eau 20 minutes puis remuez-la énergiquement, ce qui l'oxygènera et lui fera perdre son goût fade. Ajoutez ensuite de 2 à 3 gouttes d'eau de javel, de teinture d'iode ou des comprimés d'alazone (Aqua Pur).

CONSTRUCTION D'UN ALAMBIC
(CONDENSATEUR D'EAU)

Matériaux :

Une feuille de plastique dépoli de 3 pieds carrés (1 mètre carré).

Une roche lisse
Un contenant pour recueillir l'eau
Un tube de plastique

Creusez un trou assez profond. Déposez dans cette cavité le seau et insérez une des extrémités du tube. Sur les côtés, couvrez de quelques plantes pour favoriser une plus grande humidité. Installez la feuille de plastique et fixez-la avec des roches ou du sable. Au centre de la feuille, déposez la roche. Les vapeurs émises par la chaleur du soleil élevant la température, se condenseront en gouttelettes qui couleront lentement dans le seau.

En cas d'urgence, la plupart des plantes comportant des feuilles et des tiges charnues sont porteuses d'eau potable. Cependant, les plantes à sève laiteuse ou colorées ne peuvent pas être consommées (voir plantes comestibles).

Par une nuit étoilée, ou à l'aube, vous pouvez, à l'aide de draps propres étendus sur l'herbe, recueillir jusqu'à une pinte d'eau par heure.

LE FEU

Le feu est un élément vital servant à se réchauffer, se tenir au sec, signaler sa présence, cuire les aliments et purifier l'eau. Votre survie dépend en partie de votre habileté à faire un feu.

Gardez toujours près de vous un briquet ou une bonne provision d'allumettes dans une boîte métallique. On peut imperméabiliser les allumettes en les recouvrant d'une mince couche de vernis à ongles ou de paraffine. Prenez soin de plonger les allumettes une à une dans de la paraffine chaude.

Un feu de bois a aussi l'avantage de dissiper la solitude. Pour mieux vous réchauffer, faites plusieurs petits feux autour de vous.

COMBUSTIBLE (AMADOU)

Les produits suivants servent de combustible si vous ne possédez pas d'allumettes : le bois pourri, la charpie des vêtements, les cordes, ficelles, feuilles, écorces sèches et brisées. Vous pouvez aussi conserver dans une boîte étanche de la poudre de bois rongé par les insectes que l'on trouve sous l'écorce des arbres morts.

Si vous avez des allumettes, servez-vous de branches, d'arbres morts desséchés pour faire un feu. On trouve du bois sec à l'intérieur des troncs d'arbre, même par temps pluvieux. L'herbe, la fiente séchée (excréments séchés), le gras d'animal, la tourbe, les brindilles, nœud ou aiguilles de pin peuvent également servir de combustible. L'écorce se détachant des bouleaux contient une huile résineuse très inflammable. Disposez ces allume-feu en forme de pyramide pour alimenter le feu en oxygène.

Voici différents bois qui dégagent une forte chaleur : l'érable, le merisier, l'orme, le frêne, l'aulne, le bouleau et le chêne.

Les bois favorisant une bonne braise sont : le merisier, l'érable, le chêne, le hêtre et le frêne.

Ceux qui produisent une flamme rapide : le saule, le tilleul, l'aulne, le bouleau et les conifères. Souvenez-vous que seul le bois sec s'allume facilement.

ALLUMER UN FEU SANS ALLUMETTE

D'abord, rassemblez de l'amadou très sec et placez-le à l'abri du vent. Vous pouvez aussi utiliser une lentille et le soleil, une pierre que vous frapperez sur l'acier ou de la poudre de cartouche que vous placerez sous un fagot. Prenez deux pierres, déposez un peu de poudre sur l'une d'elles. Déposez également de la poudre sous le fagot. Frottez les pierres ensemble, juste au-dessus du fagot. Ainsi, la poudre broyée s'enflammera d'abord pour ensuite enflammer l'autre. Quand le feu commence à couver, attisez-le en soufflant dessus et ajoutez d'autre combustible.

MÉTHODES DE CUISSON

La cuisson détruit les bactéries et les toxines. Elle donne meilleur goût aux aliments et permet de les digérer plus facilement.

BOUILLIR

Il est souhaitable de faire bouillir la viande et les plantes, surtout lorsque celles-ci sont coriaces. Vous bénéficierez d'éléments nutritifs tels que le sel et le gras (dans le cas de la viande).

Si vous n'avez pas de contenant à votre disposition pour faire bouillir de l'eau, servez-vous de l'écorce du bouleau ou autre. Il ne doit y avoir aucune fissure. En réchauffant délicatement l'écorce au-dessus du feu, elle s'assouplira. Vous pouvez également faire bouillir de l'eau en utilisant une bûche creusée, dans laquelle vous jetterez au fond de celle-ci des pierres brûlantes.

RÔTISSAGE OU GRILLAGE

Piquez la viande au bout d'un bâton et tenez-la au-dessus de la braise.

AU FOUR (À L'ÉTUVÉE)

Utilisez un contenant hermétiquement fermé. Déposez de la braise au-dessous et au-dessus du chaudron puis recouvrez-le d'un peu de terre.

CUISSON DU PAIN

Mélangez de la farine, de l'eau et du sel (si vous en avez). Pétrissez la pâte. Gardez-en une partie et laissez-la sûrir. Elle vous servira de levain pour la prochaine préparation de votre pain.

Méthode de cuisson n°1

Placez la pâte dans un trou que vous aurez préalablement creusé dans le sable. Recouvrez de sable le dessus de la pâte. Recouvrez ensuite de braise. À une certaine température, le sable ne collera plus au pain, une fois qu'il sera cuit.

Méthode de cuisson n°2

Utilisez une branche de bois vert que vous aurez mordue pour goûter la sève. Si celle-ci est trop amère, elle changera le goût du pain. Enroulez la pâte sur la branche et faites-la cuire.

Méthode de cuisson n°3

Étendez une mince couche de pâte sur une pierre brûlante.

PLANTES COMESTIBLES

LES HERBES

Faites bouillir jusqu'à ce qu'elles soient bien tendres, des feuilles, des tiges et des bourgeons. S'ils sont trop amers, changez l'eau de cuisson à quelques reprises.

LES RACINES ET TUBERCULES

Il est préférable de les laver avec soin et de les faire bouillir pour éliminer les substances nocives.

LES NOIX ET FRUITS À ÉCALES

Les fruits se mangent crus et les glands sont excellents grillés.

LES GRAINES

Vous pouvez les manger crues ou moulues mais elles ont meilleur goût si vous prenez soin de les faire cuire lentement.

LA SÈVE

On la cuit en la faisant bouillir.

Observez les animaux (pas les oiseaux). Les plantes qu'ils consomment conviennent habituellement aux humains.

Règles à suivre :

1. Si le goût d'une plante est amer ou désagréable, ne la consommez pas.
2. Si vous avez des doutes, faites cuire toutes les plantes.
3. Ne mangez aucune plante qui contient un jus laiteux et ne laissez pas cette sève entrer en contact avec la peau. Elle pourrait vous irriter ou causer une allergie.
4. Évitez les herbes, les céréales et les graines dont les pépins sont noirs.
5. Ne consommez que les baies qui vous sont familières. Plusieurs variétés sont toxiques.
6. Ne consommez aucun champignon si vous n'êtes pas un spécialiste (mycologue).
7. Si vous avez mangé une plante vénéneuse, empressez-vous de vomir.

En Amérique du Nord, vous trouverez, entre autres, ces quelques produits naturels comestibles :

— Le Solomon's seal : son goût rappelle celui du panais.

— La châtaigne d'eau : elle flotte sur les rivières, les lacs et les étangs.

— Les noix de muscade : on les trouve dans des endroits sablonneux et humides, et le long des cours d'eau.

— Le jonc : il pousse dans des endroits humides et marécageux.

— Le plantain aquatique : il pousse aux abords des cours d'eau et est souvent submergé. Ses racines (oignons) se cuisent comme les pommes de terre. Ses feuilles ont la forme d'un cœur.

— Les quenouilles : parmi les plantes comestibles, les quenouilles sont celles dont on peut manger le plus de parties. Elles poussent surtout dans des marais et le long des cours d'eau. Elles produisent des rhizomes souterrains vivaces qui, une fois épluchés, se mangent cuits ou bouillis. Le pollen jaune et les fleurs mélangées se cuisent dans l'eau. Les jeunes pousses sont délicieuses et se mangent bouillies comme les asperges.

LES RACINES

— Oignons sauvages : les oignons sauvages poussent à partir de bulbes qui sont enfouis sous 25 cm de terre. Les feuilles sont larges, les fleurs blanches, bleues ou rougeâtres. On les trouve surtout dans les bois clairs.

— Pommes de terre : elles doivent être bouillies car elles sont vénéneuses. Cuites à l'eau salée, elles deviennent comestibles.

— Fougères : on les trouve le long des cours d'eau, en lisière des bois riches et humides. Coupez les feuilles qui donnent des crosses enroulées (têtes de violon), lavez-les et faites-les bouillir dans de l'eau salée.

LES FEUILLES

Elles se mangent crues (et sont excellentes en salade) ou cuites. Évitez de les faire trop cuire car elles perdraient leurs précieuses vitamines.

— Chicorée sauvage : aussi appelée endive sauvage, elle ressemble à un pissenlit. Ses feuilles jeunes et tendres se mangent comme de la laitue. Les racines, une fois moulues, sont un excellent succédané au café. On peut aussi la faire cuire et la servir comme légume.

— Rhubarbe sauvage : on la trouve le long des rivières, en bordure des bois, aux flancs des montagnes. Les feuilles sont comestibles.

— Autres plantes : le pissenlit, le cresson, l'oseille, le raifort, le muguet.

L'ÉCORCE

L'écorce intérieure d'un arbre, ou la couche recouvrant le bois peuvent se manger crues ou cuites. En pulvérisant l'écorce intérieure du tremble, du bouleau, du saule, ou du pin, vous obtiendrez de la farine. L'écorce du pin est riche en vitamines « C ». Grattez-en la couche extérieure et conservez la partie qui adhère au tronc de l'arbre. Vous pouvez la consommer fraîche, séchée, cuite ou broyée.

LES INSECTES ET LES PETITES BESTIOLES

Aussi surprenant que cela puisse paraître, les larves, les sauterelles, les termites, les fourmis sont délicieux et très nourrissants si vous les préparez adéquatement. Vous pouvez les sauter à la poêle ou les ajouter à votre soupe ou ragoût comme supplément de protéines. Les grenouilles doivent être consommées dès que vous les avez écorchées de leur peau. Cependant, ne touchez pas aux crapauds, car ils sont toxiques. Les salamandres et les tritons sont aussi comestibles. Ils se cachent généralement sous les bûches pourries et sous les roches près des crapaudières.

PREMIERS SOINS

Introduction

La meilleure façon de se prémunir contre les microbes est une bonne hygiène corporelle. S'il vous est impossible de prendre une douche quotidiennement à l'eau chaude et au savon, assurez-vous de garder vos mains toujours propres. Nettoyez vos ongles et lavez-vous le visage, les aisselles, l'entre-jambes et les pieds, au moins une fois par jour.

Assurez-vous que vos sous-vêtements soient toujours propres et secs. Si vous ne pouvez pas les laver, secouez-les et étendez-les au soleil et au grand air tous les jours.

Brossez-vous les dents régulièrement. On peut remplacer la pâte dentifrice par du sel de table, du bicarbonate de soude ou du savon. Si vous n'avez pas de brosse à dents, utilisez une débarbouillette propre ou un morceau de coton blanc humide et trempez-le dans du sel ou du bicarbonate de soude. Vous pouvez également masser vos gencives avec vos doigts. Faites des provisions de soie dentaire.

ÉTAT DE CHOC

Un état de choc peut être causé soit par une hémorragie interne, une perte considérable de sang, une défaillance cardiaque et respiratoire, ou par des vomissements et diarrhées incontrôlables.

Les symptômes sont les suivants :

— pâleur extrême
— peau froide et moite, transpiration abondante
— soif intense
— nausées et vomissements
— anxiété
— confusion mentale
— étourdissements, vision voilée, évanouissement
— respiration superficielle et rapide

Si vous savez comment agir en présence d'une personne en état de choc, il n'y a aucun doute que vous lui sauverez la vie en lui donnant simplement les premiers soins. Par contre, dans les cas d'hémorragies et de conditions médicales aiguës, seul un médecin est autorisé à soigner cette personne. Assurez-vous cependant de donner la respiration artificielle si nécessaire et de contrôler les hémorragies. La tête du blessé doit être plus basse que son corps, son corps tourné sur le côté et ses jambes surélevées.

— Dans le cas d'un arrêt cardiaque ou d'une blessure à la poitrine, placez la personne en position assise ou, si elle le préfère, étendez-la. Desserrez les vêtements au cou, à la poitrine et à la taille. Placez des couvertures sous et sur le blessé pour éviter qu'il ne prenne froid.

— Si le blessé a soif, évitez de lui donner à boire. Mouillez-lui simplement les lèvres.

— La fatigue, la faim, une blessure ou des maladies chroniques ainsi que la peur, peuvent originer d'un évanouissement. Étendez le blessé, assurez-vous qu'il respire bien et desserrez ses vêtements. Lorsqu'il reprend conscience, rassurez-le. Assoyez-le graduellement et donnez-lui de petites gorgées d'eau s'il en manifeste le désir.

POINTS DE PRESSION

Méthode 1

Lavez-vous les mains ou essuyez-les minutieusement. Puis, en utilisant la paume de votre main, faites une pression égale sur toute la surface de la plaie.

Méthode 2

Si la pression directe ne donne pas les résultats escomptés et qu'il n'y a pas de fracture, soulevez les membres inférieurs au-dessus du cœur en maintenant la pression sur la plaie.

Méthode 3

Il existe deux points de pression. Placez vos doigts dans le creux de la partie antérieure du bras, juste au-dessus du coude. Vous sentirez le pouls. Appuyez fermement, vous comprimerez l'artère.

Procédez de la même façon dans le pli formé dans l'aine de la cuisse. Appuyez fermement vers le bas et comprimez. Élevez le membre, en maintenant une pression directe.

PANSEMENTS

— Utilisez un linge propre ou un bandage. Appliquez une pression sur la blessure et mettez le pansement.

— S'il y a blessure à la main, faites un pansement en ayant soin de toujours laisser le bout des doigts à découvert afin de surveiller la circulation du sang.

— N'enlevez jamais des pansements imbibés de sang. Faites plutôt un nouveau pansement sur celui déjà en place.

— Le pansement doit être enroulé assez serré afin de contrôler l'hémorragie mais il ne doit pas être bandé trop serré pour éviter l'arrêt de la circulation.

ÉTOUFFEMENT

Demandez à la personne si elle étouffe. Si elle ne répond pas, **agissez immédiatement**! Si la personne peut parler, laissez-la tousser ou respirer et n'intervenez pas. Placez-vous debout derrière elle et encerclez-lui la taille de vos bras. Placez votre poing au milieu de son abdomen, le pouce appuyé au-dessus de sa taille. Saisissez votre poing de l'autre main et pressez fermement contre l'abdomen dans un mouvement rapide vers le haut. Évitez de pousser contre les côtes. Répétez ce geste jusqu'à ce que vous obteniez des résultats.

VICTIMES D'ÉTOUFFEMENT INCONSCIENTES

— Dégagez les voies respiratoires en inclinant la tête de la victime légèrement vers l'arrière. Vérifiez si elle respire. Si elle ne respire pas, tentez de la ventiler.

— Placez-vous à cheval sur la victime. Placez une de vos mains sur son abdomen. Placez l'autre main sur la première. Pressez fermement et pressez vivement vers le haut de six à dix fois. Poussez en ligne droite, jamais en direction des côtes.

— Avec vos doigts, videz la bouche de toute nourriture qui pourrait gêner la respiration.

— Assurez-vous qu'il y a hyperextension de la tête.

— Répétez au besoin toutes ces opérations.

EMPOISONNEMENT

Il existe différents types d'empoisonnements. Nous n'aborderons que l'empoisonnement par ingestion soit d'aliments contaminés ou décomposés et l'empoisonnement causé par l'ingestion de plantes ou de baies vénéneuses.

SYMPTÔMES : Les symptômes d'un empoisonnement se manifestent par les signes suivants : nausées, vomissements, diarrhées, crampes et douleurs vives à l'abdomen. La victime peut aussi présenter des taches sur les lèvres et la bouche.

TRAITEMENT : Faites boire plusieurs verres de lait pour neutraliser le poison. Sinon, faites vomir pour retirer le poison de l'estomac.

MORSURES DE SERPENT

— Rassurez la victime et évitez de la faire marcher, car la marche active la circulation du sang et risquerait de propager le venin du serpent.

— Lavez abondamment avec de l'eau savonneuse et enlevez tout le venin qui pourrait se trouver autour de la plaie qui a suinté.

— Immobilisez le membre blessé.

— Si possible, tuez le serpent pour qu'on l'identifie et demandez immédiatement de l'aide.

— Si cela s'avère nécessaire, commencez à pratiquer la respiration artificielle (bouche à bouche).

MORSURES DE SANGSUES ET DE TIQUES

Elles vivent surtout dans les marais, les eaux stagnantes et les champs en friche ; elles se nourrissent de sang. Leur morsure a une emprise telle que toute tentative pour les déloger par la force est vaine.

— Appliquez une flamme, du sel, du kérosène ou de la térébenthine sur le dos de la sangsue ou de la tique. Celles-ci relâcheront leur emprise et tomberont.
— Désinfectez la plaie et soulagez l'irritation en appliquant une solution de bicarbonate de soude ou une faible solution d'ammoniaque (NH_4).
— Pansez la plaie.

RÈGLES GÉNÉRALES EN CAS DE CATASTROPHES NATURELLES

AVANT...

Déterminez à l'avance un abri. Vous pouvez vous réfugier soit dans la cave, sous l'escalier, sous des meubles lourds ou au centre d'un bâtiment. Tenez-vous éloigné des fenêtres.

— Établissez avec chacun des membres de votre famille un lieu de rassemblement où vous vous retrouverez après la tempête, si vous devez vous disperser, car il se pourrait que l'un d'entre eux soit à l'école, au bureau ou à la maison.

— Abattez les arbres ou les branches mortes autour de la maison pour réduire les risques de dommages.

— Assurez-vous que le réservoir de votre voiture soit toujours rempli car les stations-service peuvent être fermées plusieurs jours lors d'une tempête.

PENDANT...

— Écoutez les avertissements diffusés sur les ondes de la radio ou de la télévision.

— Dans la mesure du possible, clouez solidement vos fenêtres, arrimez les portes extérieures et ouvrez légèrement les fenêtres du côté opposé au vent, pour diminuer les pressions qu'il pourrait causer au bâtiment.

— Évitez de vous déplacer à l'extérieur.

— Ayez à votre disposition une trousse d'urgence et quelques effets personnels au cas où les autorités vous demanderaient d'évacuer les lieux.

— Si vous devez évacuer votre demeure, fermez le courant électrique pour prévenir les risques d'incendie.

— N'oubliez pas d'apporter vos papiers d'identité et les effets nécessaires pour les soins du bébé.

— Restez calme.

INONDATION

Un tremblement de terre, un ouragan, l'effondrement d'un barrage, un raz-de-marée ou une tempête violente peuvent tous être à l'origine d'une inondation.

AVANT...

— Si l'emplacement du commutateur n'est pas déjà inondé, coupez le courant. Assurez-vous d'avoir les pieds au sec pour éviter tout danger d'électrocution. Sinon, tenez-vous sur une planche au-dessus du sol et servez-vous d'un bâton sec pour fermer le commutateur.

— Pour protéger vos appareils de chauffage électrique, de gaz propane ou naturel, renseignez-vous sur les mesures à prendre auprès de vos fournisseurs.

— Écoutez les informations qui sont diffusées par votre radio portatif.

— Ayez sous la main une réserve de vivres, d'eau potable et de médicaments.

— Déménagez vos meubles et appareils électriques à l'étage supérieur. Verrouillez les portes et fenêtres de la maison et faites de même pour votre voiture si vous devez l'abandonner.

PENDANT...

— Bouchez les conduits des égouts au sous-sol à l'aide de graines de lin. Bouchez également la cuvette des cabinets de toilette.

— Si vous devez conduire sur des routes inondées, avancez lentement en première vitesse, ce qui évitera d'inonder votre moteur. N'oubliez pas que des freins mouillés peuvent cesser de fonctionner.

— Si vous êtes à l'intérieur de la maison et que l'eau monte tout autour de celle-ci, grimpez sur le toit. S'il semble vouloir s'écrouler, trouvez un objet flottant sur lequel vous pourriez vous réfugier.

— N'entassez pas de sacs de sable autour de la maison. L'eau pourrait s'infiltrer dans la terre sous la maison et, ainsi, la soulever en arrachant la fondation. Laissez plutôt le sous-sol s'inonder. Si cela est nécessaire, inondez le sous-sol vous-même avec de l'eau propre pour éviter que la pression d'eau n'endommage les murs extérieurs et la fondation de la maison.

— Si les autorités vous demandent d'évacuer les lieux, faites-le sur-le-champ. Ne vous obstinez pas à vouloir rester sur place.

— Évitez d'entrer en contact direct avec une personne qui est en train de se noyer. En se débattant pour survivre, elle pourrait mettre votre vie en danger. Tendez-lui plutôt une corde, une rame ou une perche, au lieu de vous jeter à l'eau pour la secourir.

APRÈS...

— Assurez-vous que l'eau n'a pas affaibli la fondation de votre demeure et vérifiez si le plancher ne comporte pas de trous ou n'est pas encombré de verres cassés et autres débris qui pourraient vous blesser.

— L'eau de votre robinet devra être analysée avant d'être déclarée potable ; chaque pièce doit être nettoyée et désinfectée ; faites en sorte que tous les plats et ustensiles soient lavés ou stérilisés à l'eau bouillie et que les installations sanitaires fonctionnent.

— Gardez les enfants loin des zones contaminées.

— Faites vérifier vos appareils de chauffage par un technicien qualifié avant de les utiliser.

— Jetez les aliments qui sont restés dans votre réfrigérateur et votre congélateur, tels que les viandes, les fruits et légumes, et tout aliment emballé dans du carton. Il en va de même pour les bouteilles de boissons, les aliments en bocaux et les conserves faites à la maison. Il est presque impossible de désinfecter parfaitement l'intérieur des couvercles et des capsules de bouteilles.

— Les boîtes de conserve non endommagées doivent être lavées et désinfectées. Si les boîtes de conserve présentent des signes de suintement, elle doivent être détruites.

— Si la couleur, l'odeur ou le goût de l'eau vous porte à croire qu'elle est contaminée, purifiez-la en la faisant bouillir et en y ajoutant une à deux gouttes par litre d'eau de javel, ou en y mettant des comprimés d'alazone (Aqua Pur).

TREMBLEMENT DE TERRE

Les indices d'un tremblement de terre se font habituellement sentir par une forte vibration qui peut faire penser à un train roulant à toute vitesse.

Les blessures ou la mort consécutives à un tremblement de terre sont causées soit par la chute d'objets,
de débris ou par des glissements de terrain.

AVANT...

— Rassemblez les membres de votre famille et
organisez quelques exercices pour qu'ils soient en mesure d'agir en cas d'urgence. En sachant quoi faire,
vous éviterez ainsi la panique et diminuerez les risques
de blessures pendant le tremblement de terre.

— Apprenez aussi aux membres de votre famille
comment fermer le courant électrique, le gaz et l'eau.

— Montrez-leur également les rudiments de la
technique des premiers soins. Rappelez-vous que lors
d'un tremblement de terre, les hôpitaux et les cliniques
sont toujours débordés de travail.

PENDANT...

Ne cédez pas à la panique. Restez sur place et
abritez-vous sous un bureau, une table ou un lit. Ne
courez surtout pas vers l'extérieur, au risque de vous
faire blesser. L'encadrement des portes ou la partie
centrale d'une habitation sont les endroits les plus
sécuritaires pour vous abriter. N'oubliez pas que les
escaliers peuvent s'écrouler et les ascenseurs tomber
en panne.

— Si vous êtes à l'extérieur, éloignez-vous des murs et des fils électriques.

— Si vous êtes dans votre voiture, restez-y et arrêtez le moteur en vous assurant de ne pas vous tenir à proximité d'un bâtiment au cas où celui-ci s'écroulerait. Votre voiture est un abri sûr contre les débris de toutes sortes.

APRÈS...

Secourez les personnes coincées sous les décombres et administrez-leur les premiers soins.

— N'entrez pas dans les bâtiments, pour quelque raison que ce soit.

— Ne vous servez pas de flamme pour éclairer votre route et vérifiez les conduits d'eau ou de mazout. Éteignez tous les appareils électriques et de chauffage. Assurez-vous qu'aucun dommage n'a été causé.

— Laissez les lignes téléphoniques libres pour les cas d'urgences seulement.

— Si, pour une raison ou une autre, l'eau a été coupée, servez-vous de l'eau du chauffe-eau, des chasses d'eau des toilettes, de cubes de glace et de l'eau des conserves de légumes.

— À défaut d'électricité, utilisez, avant qu'ils ne se gâtent, vos aliments conservés au congélateur. Vous pourrez les cuisiner en plein air.

— Vérifiez la cheminée de la maison et assurez-vous qu'elle ne comporte aucune fissure, surtout dans le grenier ou près du toit.

— Gardez à proximité votre empaquetage d'urgence, au cas où vous devriez évacuer les lieux. Assurez-vous de porter de bonnes chaussures de marche et éloignez-vous des côtes, car un tsunami (raz-de-marée) résulte souvent d'un tremblement de terre sous-marin.

VIOLENTES TEMPÊTES

TORNADES

Une tornade, ou cyclone, est une puissante tempête de vent prenant la forme d'un entonnoir dont la pointe se dirige vers le sol. Si, en observant le ciel, vous apercevez une tornade :

— Mettez-vous à l'abri soit dans votre sous-sol, dans une garde-robe, sous des meubles lourds et accroupissez-vous par terre. Fuyez les étages supérieurs.

— Si vous êtes surpris par une tornade alors que vous êtes à pieds, déplacez-vous à angle droit par rapport à la direction de sa progression.

— Il en va de même si vous êtes en voiture. Mais si vous ne croyez pas pouvoir fuir à temps, quittez immédiatement votre voiture et accroupissez-vous dans un fossé ou un ravin. En dernier recours, couchez-vous sous votre voiture pour vous protéger contre les débris.

— Veuillez noter qu'une tornade dure environ une vingtaine de minutes.

OURAGANS

L'ouragan est une tempête de vent beaucoup plus violente que la tornade. Les rafales de vents deviennent extrêmement fortes. Il s'ensuit une accalmie qui dure de quelques minutes à plus d'une demi-heure. Et, subitement, les vents recommencent à souffler, mais dans le sens contraire, avec plus de vigueur. Ces vents se déplacent lentement et peuvent persister plusieurs heures au même endroit. Les ouragans soulèvent en mer d'énormes vagues et créent sur la côte des lames de fond et des raz-de-marée.

— Si le bâtiment que vous habitez est situé sur un terrain élevé, cherchez refuge à l'extérieur de celui-ci.

— Si le centre de l'ouragan passe au-dessus de l'endroit où vous vous trouvez, il y aura un moment de calme. Mais soyez vigilants et demeurez à l'abri car le vent se déchaînera de nouveau.

— Si vous n'avez comme abri qu'une voiture, réfugiez-vous en-dessous de celle-ci.

EN FORÊT

— Avant de vous aventurer en forêt, assurez-vous de vous munir de l'équipement nécessaire et de vêtements appropriés aux conditions climatiques.

— Prenez l'empreinte des chaussures de chacun de vos enfants. Pour ce faire, étendez sur le sol un linge doux comme, par exemple, une serviette de bain, et placez sur cette serviette une feuille de papier d'aluminium. Faites monter l'enfant sur celle-ci et prenez l'empreinte des deux chaussures. Elles serviront d'indice aux chercheurs en cas d'urgence.

— Apportez avec vous des sacs à ordure de couleur jaune ou orange. Ils pourront vous aider à conserver la chaleur de votre corps et vous protéger ainsi contre l'hypothermie. Les couleurs vives sont plus faciles à repérer par les chercheurs.

— Demeurez toujours en groupe pour éviter que l'un de vous ne s'égare.

— Faites un feu pour vous nourrir et vous réchauffer.

— Apprenez à différencier les plantes comestibles des plantes vénéneuses.

— Il serait prudent que les enfants portent un sifflet sur eux. Apprenez-leur un code comme, par exemple, que trois coups de sifflet ou trois cris sont un appel de détresse.

— Faites du bruit ou parlez fort pour apeurer les animaux qui rôdent.

— Si vous arrivez face à face avec un ours, ne paniquez pas. Restez immobile et parlez calmement d'une voix monocorde. Si l'ours ne bouge pas, reculez lentement et surtout, évitez tout mouvement brusque. Si l'ours cherche à vous attaquer, couchez-vous sur le sol en vous protégeant la tête, restez immobile comme si vous étiez mort. Gardez votre sac à dos, il vous protégera. L'ours devrait éventuellement se désintéresser de vous. Les secours ne tarderont pas à venir.

MESURES DE SURVIE EN FORÊT POUR LES ENFANTS

— Apprenez à vos enfants qu'un arbre est vivant et que c'est un ami. Vous pouvez leur dire que les arbres sont des protecteurs de la forêt et que s'ils ont peur, ils peuvent entourer un arbre de leurs bras et lui parler. Cela sécurisera l'enfant et, ainsi, il ne s'affolera pas et restera au même endroit.

— Si les enfants entendent un bruit qui les effraie, dites-leur de crier très fort. Ils effrayeront ainsi les animaux et l'on pourra plus facilement les repérer.

— Les vêtements que portent les enfants en forêt devraient toujours être de couleurs vives.

— Rassurez les enfants que personne ne les grondera s'ils se perdent. Il est déjà arrivé que des enfants, par peur d'être punis, se sont cachés des chercheurs.

TEMPÊTES D'HIVER

— Écoutez la radio pour connaître les derniers bulletins météorologiques.

Le blizzard

Il dure six heures au moins et souvent davantage. Il est accompagné de chutes de neige, de rafales et de poudrerie.

Les fortes chutes de neige

Elles représentent une accumulation d'au moins 10 centimètres ou plus de neige tombant en moins de 12 heures.

La pluie ou la bruine verglaçante

C'est une tempête de verglas recouvrant de givre les routes, les arbres et les fils électriques.

La vague de froid

Chute soudaine de température pour une courte période de temps.

Les vents

Des rafales de neige et de poudrerie.

Par mesure de sécurité, gardez dans le coffre arrière de la voiture :

- pelle
- sable
- lanterne d'avertissement
- vêtements
- chaussures de rechange
- hachette
- grattoir
- allumettes
- couverture
- trousse de secours
- fusée d'éclairage
- réserves de vivres
- bousolle
- lampe de poche
- câble volant

(et chandelles dans une boîte de conserve).

Si votre votre voiture s'immobilise pendant une tempête de neige :

— évitez de vous épuiser à pelleter (cet effort cause souvent des infarctus)

— ne vous exposez pas au froid. Demeurez plutôt dans la voiture

— laissez pénétrer un peu d'air frais dans la voiture, en ouvrant légèrement une fenêtre

— faites tourner le moteur le moins possible

— assurez-vous que la neige n'obstrue pas le tuyau d'échappement et évitez de respirer de l'oxyde de carbone

— installez des fusées éclairantes

— remuez vigoureusement les membres, les mains et les pieds

— bougez constamment et ne vous endormez pas

— soyez à l'écoute d'autres voitures ou équipes de secours.

PANNE DE COURANT

AVANT...

— Si vous êtes équipé d'un foyer, emmagasinez une réserve suffisante de bois.

— Munissez-vous d'un système de chauffage auxilliaire, tel que poêle ou radiateur électrique.

— Entreposez, dans un endroit facile d'accès, lampes de poche, fanaux, chandelles, allumettes et radio à piles.

PENDANT...

— Écoutez les informations locales à l'aide de votre radio à piles.

— Allumez votre appareil de chauffage auxilliaire et restez calme.

— Assurez-vous de garder une température suffisamment élevée pour éviter que les tuyaux ne gèlent.

— Fermez le courant électrique et les conduits d'eau. Enveloppez les tuyaux d'une couverture isolante.

— Videz l'air des tuyaux d'échappement à l'aide d'une pompe pneumatique et actionnez de temps à autre la chasse d'eau des toilettes. Faites aussi couler l'eau des robinets en un mince filet.

APRÈS...

— Assurez-vous que le chauffe-eau est rempli d'eau et rétablissez le courant électrique.

— Raccordez les tuyaux et ouvrez les conduits d'eau.

— Si nécessaire, effectuez un rinçage de la lessiveuse et du lave-vaisselle.

— Augmentez de quelques degrés la température de la maison afin d'éliminer l'humidité.

— Si nécessaire, vérifiez le contenu du réfrigérateur et du congélateur.

CODE INTERNATIONAL
DE SIGNALISATION

Écrivez un message en vous servant de branches, en piétinant la neige ou en faisant des signes sur la grève avec de grosses pierres ou des algues marines. Choisissez une couleur qui contrastera avec le sol.

Vous pouvez aussi envoyer des signaux de fumée à l'aide d'un grand feu en utilisant des feuilles ou des branchages humides. Une autre façon de signaler votre présence consiste à agiter des vêtements, ou en utilisant un miroir ou une boîte de conserve. La nuit, faites brûler de l'épinette, mais soyez prudents.

Le tableau suivant indique le code international et sa signification :

— demande médecin, blessures graves |

— besoin de médicaments | |

— incapable de poursuivre   X

— besoin d'eau et de nourriture   F

— besoin d'armes à feu et de munitions   ⋁

— besoin d'une carte et d'une boussole ▢

— besoin d'une lampe de signalisation
avec piles et appareil-radio ┆

— indiquez dans quelle direction avancer K

— j'avance dans cette direction ↑

— tenterai décollage |≥

— avion sérieusement endommagé ⌐□¬

— probablement sûr d'atterrir ici △

— besoin de carburant et d'huile L

— tout va bien L L

— non N

— oui Y

— pas compris ⌐⌐

— besoin d'un ingénieur (ou d'un mécanicien) \/\/\

EMPAQUETAGE DE SURVIE

1. Havresac solide et imperméable de préférence.

2. Nourriture composée d'aliments énergétiques ; ex. : noix, graines, raisins, chocolat.

3. Cubes de bouillon de viande, de légumes ou de chocolat se diluant dans l'eau. Prenez la précaution de les envelopper dans des sachets de plastique.

4. Comprimés purificateurs d'eau. Si vous n'en avez pas, de l'eau de javel dans un petit contenant avec un compte-gouttes fera l'affaire. Mettre de 1 à 2 gouttes par litre d'eau.

5. Bouteilles d'eau.

6. Sacs de couchage ou couvertures chaudes.

7. Enveloppe imperméable pour protéger votre sac

8. Couverture métallisée de survie (facultatif). Celle-ci a l'avantage d'être très compacte et de prix modique.

9. Petit poste de radio à piles.

10. Piles de rechange.

11. Corde de nylon très solide. Environ 50 pieds de longueur (15 mètres).

12. Lampes de poche et chandelles que vous conserverez dans une boîte de métal ou de conserve.

13. Allumettes imperméabilisées. Conservez-les dans une boîte de métal que vous utiliserez pour préserver l'amadou de l'humidiité.

14. Outils ex. : une petite pelle, une hache et un canif.

15. Pierre ou lime à aiguiser.

16. Sac à ordures jaune ou orange. Il vous protégera de l'humidité et du froid et facilitera la tâche aux chercheurs pour vous repérer si vous vous égarez.

17. Feuilles de plastique dépoli de 2 mètres (6 pieds 6 pouces) pour construire un condensateur d'eau ou pour vous protéger de l'humidité.

18. Boussole et carte.

19. Aiguilles et fils pour coudre ou repriser des vêtements.

20. Contenants pour la cuisson sur feu de bois (chaudrons et/ou poêle).

21. Assiettes, verres et ustensiles.

22. Un mètre carré de papier d'aluminium, servant à cuisiner ou pour prendre l'empreinte des souliers des enfants avant de vous aventurer en forêt.

23. Une petite éponge et un linge à vaisselle.

24. Articles de toilette :
— Brosse à dents   — Rasoir
— Pâte dentifrice   — Lames à rasoir
— 2 petites serviettes   — Coupe ongle
— 1 débarbouillette   — Peigne ou brosse
— Pince à écharpe   — Paire de ciseaux
— Lunette de soleil   — Savon doux

N'oubliez pas les articles nécessaires aux soins du bébé ainsi que les produits pour verres de contact, les lunettes et un savon domestique dur pour laver le linge.

25. Vêtements
— 1 paire de sous-vêtements de rechange en fibre naturelle, de préférence.
— 1 caleçon long ou pyjama
— 1 camisole en fibre naturelle
— 3 pantalons solides de couleur foncée dans lesquels on se sent à l'aise. Évitez d'apporter des jeans serrés car une fois humides ou mouillés, ils accélèrent la perte de chaleur corporelle.
— 2 chemises dont une très chaude (genre flanelle) et une plus légère.
— 1 chandail à col roulé.
— 2 chandails chauds dont un en laine et un autre en coton ouaté de qualité.
— 4 paires de chaussettes dont 2 paires en laine chaude et 2 paires en coton.

— 2 paires de chaussures dont une paire genre bottillons de montagne et une paire de souliers de course (espadrilles).
— 1 paire de bottes en plastique pour la pluie (aussi pour se protéger contre la radioactivité s'il y a lieu).
— 1 imperméable en plastique pour se prémunir de la pluie et de la radioactivité.
— 1 paire de gants en plastique ou imperméables.
— 1 poncho qui vous protégera de la pluie ou une toile de tente ou toile de sol pour le lit.
— 1 passe-montagne en laine.

26. Trousse de premiers soins (vous en trouverez dans une pharmacie). Vous pourrez y ajouter :

— Pour désinfecter :   • alcool 90%
                            • mercurochrome

— Comme médicaments :

• Cachets contre les migraines.

• Médicaments pour diarrhée ou gastrœntérite.

• Vitamines et sels minéraux

• Anti-inflammatoire

• Antibiotiques

• Poire de lavement

• Calgut et aiguille pour points de suture

• Comprimés de chlorure de sodium. Le sel a la propriété de retenir l'eau pendant les grandes marches au soleil.

— Pour décontaminer:

• Savon de Marseille

• Talc

• Bicarbonate de soude (pour nettoyer)

• Permanganate de potassium (pour le lavage)

— Onguents:

• Anti-moustiques

• Antiseptique (pour brûlure moyenne et écorchures.)

ALIMENTS ÉNERGÉTIQUES

Il serait bon d'apporter les aliments suivants dans votre empaquetage d'urgence:
— arachides rôties
— graines (surtout de tournesol)
— noix de coco
— noix (surtout de Grenoble)
— raisins secs
— fruits secs

RECETTE

Dans un bain-marie, faites fondre sur un feu de camp le chocolat et ajoutez le reste des ingrédients. Laissez refroidir et coupez en bouchées.

P.S. Vous pouvez improviser un bain-marie en vous servant d'une boîte de conserve.

N'OUBLIEZ JAMAIS QUE SURVIVRE SIGNIFIE: NE JAMAIS ABANDONNER!

— NOTES —

— NOTES —

— NOTES —

— NOTES —

— NOTES —

ACHEVÉ   D'IMPRIMER
EN   MAI   1991
SUR LES PRESSES DE
PAYETTE & SIMMS INC.
À SAINT-LAMBERT, P.Q.